Cambios que suceden en la naturaleza

Ciclos de vida de los animales: crecimiento y cambios

Bobbie Kalman

Crabtree Publishing Company

www.crabtreebooks.com

Creado por Bobbie Kalman

Para mi primo Alex Brissenden
Alex, tú me inspiras con tu inteligencia, tu sabiduría y tu alma experimentada. Me llegas al corazón.

Autora y editora en jefe
Bobbie Kalman

Editora de proyecto
Kelley MacAulay

Editoras
Molly Aloian
Robin Johnson
Kathryn Smithyman

Diseño
Katherine Kantor
Margaret Amy Salter
   (contraportada)

Coordinación de producción
Heather Fitzpatrick

Investigación fotográfica
Crystal Foxton

Consultor lingüístico
Dr. Carlos García, M.D., Maestro
bilingüe de Ciencias, Estudios
Sociales y Matemáticas

Ilustraciones
Barbara Bedell: contraportada, páginas 5 (mapache, lombriz, saltamontes, ballena jorobada, dragón de Komodo,
   mariquita y foca monje), 6 (huevo y dragón de Komodo), 9, 11 (parte superior derecha e inferior izquierda), 14,
   15 (focas monje), 19, 20, 21, 22 (peces blancos y verdes), 26, 27, 29 (lombrices pequeñas), 31 (mariquita y mapache)
Katherine Kantor: páginas 5 (serpiente de cascabel y caballito de mar), 6 (serpientes),
   15 (piedras), 18, 22 (peces azules y amarillos), 23
Bonna Rouse: páginas 5 (oriol y rana), 6 (león), 7 (huevos y crías saliendo de los huevos),
   11 (parte superior izquierda), 16 (ave), 17, 22 (cría de salmón), 24, 25, 31 (huevos)
Margaret Amy Salter: páginas 5 (koala y araña), 6 (lobo), 7 (embrión), 10, 11 (parte
   inferior derecha), 28, 29 (todas, excepto las lombrices pequeñas), 31 (araña)
Tiffany Wybouw: páginas 7 (crías recién salidas del huevo), 12, 16 (huevos), 31 (tortuga)

Fotografías y reproducciones
Robert Thomas: página 13 (reproducción de imagen)
Tom McHugh/Photo Researchers, Inc.: página 10
robertmccaw.com: página 28
Minden Pictures: Mitsuaki Iwago: página 14
© A & A Ferrari/SeaPics.com: página 22
Visuals Unlimited: Jim Merli: página 18
Otras imágenes de Corel, Creatas, Digital Stock, Photodisc y TongRo Image Stock

Traducción
Servicios de traducción al español y de composición de textos suministrados por translations.com

Library and Archives Canada Cataloguing in Publication
Kalman, Bobbie, 1947-
   Ciclos de vida de los animales : crecimiento y cambios / Bobbie
Kalman.

(Cambios que suceden en la naturaleza)
Includes index.
Translation of: Animal life cycles.
ISBN-13: 978-0-7787-8375-6 (bound)
ISBN-13: 978-0-7787-8389-3 (pbk.)
ISBN-10: 0-7787-8375-8 (bound)
ISBN-10: 0-7787-8389-8 (pbk.)

   1. Animal life cycles--Juvenile literature. I. Title. II. Series.

QL49.K3318 2006   j591.56   C2006-904551-8

Library of Congress Cataloging-in-Publication Data
Kalman, Bobbie.
   [Animal life cycles. Spanish]
   Ciclos de vida de los animales : crecimiento y cambios / written by Bobbie
Kalman.
      p. cm. -- (Cambios que suceden en la naturaleza)
   ISBN-13: 978-0-7787-8375-6 (rlb)
   ISBN-10: 0-7787-8375-8 (rlb)
   ISBN-13: 978-0-7787-8389-3 (pb)
   ISBN-10: 0-7787-8389-8 (pb)
   1. Animal life cycles--Juvenile literature. I. Title. II. Series.

QL49.K29218 2006
571.8'1--dc22
                                                         2006025117

Crabtree Publishing Company
www.crabtreebooks.com   1-800-387-7650

Publicado en Canadá
Crabtree Publishing
616 Welland Ave.,
St. Catharines, ON
L2M 5V6

Publicado en los Estados Unidos
Crabtree Publishing
PMB16A
350 Fifth Ave., Suite 3308
New York, NY 10118

Publicado en el Reino Unido
Crabtree Publishing
White Cross Mills
High Town, Lancaster
LA1 4XS

Publicado en Australia
Crabtree Publishing
386 Mt. Alexander Rd.
Ascot Vale (Melbourne)
VIC 3032

Contenido

Los ciclos de vida de
   los animales   4

Embriones que crecen   6

Los mamíferos nacen   8

Una bolsa protectora   10

¡Cómo viajan las ballenas!   12

Nacer en tierra   14

Las aves ponen huevos   16

Las serpientes son reptiles   18

El ciclo de vida del lagarto   20

Huevos de peces   22

Del huevo a la rana   24

Ciclo de vida del insecto   26

Los cambios de las arañas   28

Gusanitos   29

Más cambios   30

Palabras para saber e índice   32

Los ciclos de vida de los animales

Los animales son seres vivos: respiran, comen, crecen y cambian. Hay muchas clases de animales. Algunos son diminutos y otros… ¡enormes! A medida que crecen atraviesan muchas **etapas** o conjuntos de cambios. Estas etapas son su **ciclo de vida**. Cada tipo de animal tiene un ciclo de vida diferente.

Animales que cambian

Los animales nacen del cuerpo de la madre o salen de un huevo. Luego crecen y se convierten en adultos. Los adultos, que ya han dejado de crecer, pueden tener sus propias crías.

Estos pichones de garceta son pequeños al lado de su madre, que es muy alta. Las crías crecerán y cambiarán hasta llegar a la edad adulta.

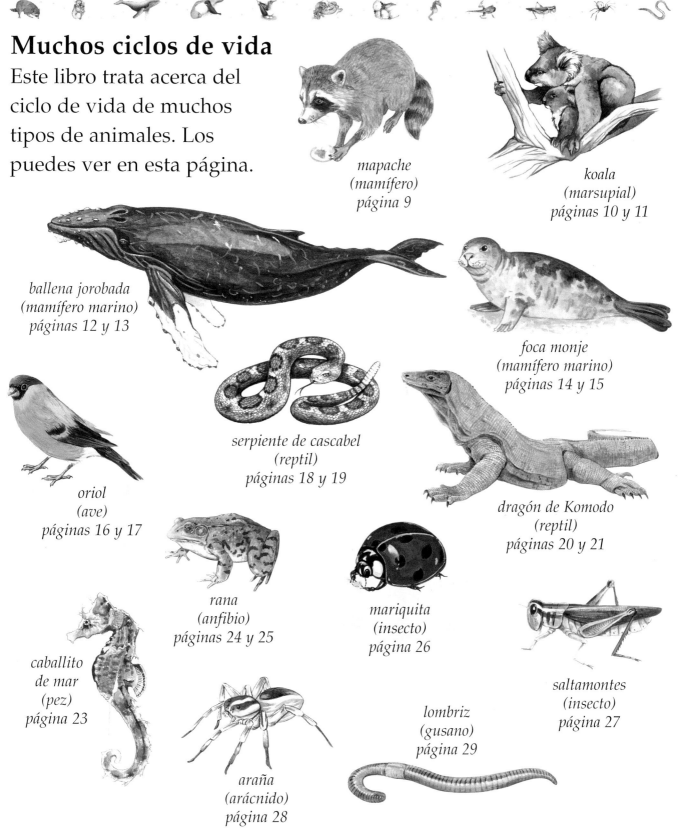

Muchos ciclos de vida

Este libro trata acerca del ciclo de vida de muchos tipos de animales. Los puedes ver en esta página.

mapache
(mamífero)
página 9

koala
(marsupial)
páginas 10 y 11

ballena jorobada
(mamífero marino)
páginas 12 y 13

foca monje
(mamífero marino)
páginas 14 y 15

serpiente de cascabel
(reptil)
páginas 18 y 19

dragón de Komodo
(reptil)
páginas 20 y 21

oriol
(ave)
páginas 16 y 17

rana
(anfibio)
páginas 24 y 25

mariquita
(insecto)
página 26

caballito
de mar
(pez)
página 23

saltamontes
(insecto)
página 27

araña
(arácnido)
página 28

lombriz
(gusano)
página 29

5

Embriones que crecen

Cuando los animales empiezan a crecer se les llama **embriones**. Algunos crecen dentro del cuerpo de la hembra. Otros crecen en huevos que pone la hembra.

Nacer del cuerpo de la madre

Las hembras que tienen embriones en crecimiento dentro de su cuerpo están **preñadas**. Cuando el embrión termina de crecer, nace, es decir, sale del cuerpo de la madre.

Esta hembra de guepardo estuvo preñada tres meses. Después nacieron los **cachorros**.

Romper el cascarón

Los embriones que no crecen dentro del cuerpo de la madre crecen dentro de huevos que ésta ha puesto. Cuando han crecido lo suficiente, las crías **salen del huevo**. Para ello, rompen el huevo. Las crías que acaban de salir del huevo se llaman **crías recién eclosionadas**.

Crecimiento

Los animales jóvenes crecen y cambian hasta que se vuelven adultos. Cuando son adultos, pueden **aparearse**. Aparearse significa unirse para tener crías.

huevos de tortuga

embrión de tortuga que crece dentro del huevo

cría de tortuga saliendo del huevo

cría de tortuga que acaba de salir del huevo

Los mamíferos nacen

La mayoría de las crías de los **mamíferos** crecen y se desarrollan dentro del cuerpo de la madre. Cuando nacen, las hembras las cuidan. Las hembras de los mamíferos producen leche dentro de su cuerpo y las crías la beben. Tomar la leche de la madre se llama **mamar**. Así las crías obtienen el alimento que necesitan para crecer y desarrollarse.

Las vacas son mamíferos. Este becerro está mamando.

El ciclo de vida del mapache

Los mapaches son mamíferos. Las hembras tienen varias crías a la vez. El grupo de crías se llama **camada** y cada cría de mapache es un **cachorro**. Cuando los cachorros tienen entre dos y cuatro meses, dejan de mamar y aprenden a buscar comida sin ayuda.

Los cachorros viven con la madre casi un año.

*Nacen en **guaridas**, que son refugios resguardados. Muchos mapaches hacen su guarida en árboles.*

Los adultos pueden aparearse y tener crías.

*A las crías de un año se les llama **añojos**. Son muy juguetonas. Ya casi tienen el tamaño de los adultos.*

9

Una bolsa protectora

Los koalas son mamíferos llamados **marsupiales**. La mayoría de las hembras tienen **bolsas** en la parte delantera del cuerpo. Esta bolsa se abre cerca de las patas traseras. El embrión crece dentro del cuerpo de la hembra sólo durante un tiempo corto. Cuando es muy pequeño, sale del cuerpo de ella y se mete en la bolsa. La cría mama y sigue creciendo allí dentro.

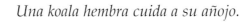

Una koala hembra cuida a su añojo.

El ciclo de vida del koala

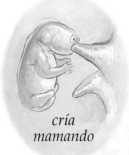

cría
mamando

Al nacer, la cría de koala tiene el tamaño de un frijol. No ve ni oye, pero huele la leche de la madre. Se arrastra por el cuerpo de ella buscando la bolsa. Cuando la encuentra, comienza a mamar.

La cría no sale de la bolsa hasta que tiene casi seis meses de edad. Cuando cumple los seis meses, entra y sale de la bolsa. Cuando está adentro, sigue mamando.

La cría vive con la madre dos o tres años. Cuando cumple tres años, ya es un adulto. Puede aparearse y tener crías propias.

Al año, la cría de koala está lista para dejar de mamar. Empieza a trepar a los árboles y a comer hojas de **eucalipto**. Éste es el único alimento de los koalas.

11

¡Cómo viajan las ballenas!

Las ballenas jorobadas son **mamíferos marinos** de gran tamaño que viven en los océanos. Las ballenas jorobadas **migran** de regiones de agua fría a regiones de agua cálida. Migrar significa ir a otro lugar durante determinado tiempo. Las ballenas migran para que las hembras puedan tener las crías en aguas cálidas. Las crías necesitan vivir en aguas cálidas para poder crecer. Cuando han crecido lo suficiente, vuelven a las regiones de agua fría donde viven en el verano.

La primera respiración

La cría de ballena crece dentro del cuerpo de la madre durante casi un año y luego nace. Ahora debe nadar inmediatamente a la superficie del océano para respirar por primera vez. Al igual que todos los mamíferos, las ballenas respiran aire por medio de los **pulmones**. La cría recién nacida no tiene fuerza suficiente para nadar hasta la superficie, así que la madre la empuja.

La madre guía a la cría hasta la superficie del agua para que pueda respirar por primera vez. Las ballenas jorobadas son blancas al nacer.

Cubiertas de grasa

Las crías de ballena jorobada pasan cerca de cinco meses en aguas cálidas, donde crecen rápidamente. Su cuerpo cambia y se prepara para las aguas frías donde irán a vivir en poco tiempo. Las crías no pueden sobrevivir en aguas frías si no tienen **grasa**. La grasa forma una gruesa capa debajo de la piel. Al mamar, las crías acumulan grasa. ¡Y es que maman muchísimo! La leche de ballena es grasosa, así que las crías engordan rápidamente.

Rumbo al frío

Cuando las crías tienen una gruesa capa de grasa, están listas para su primer viaje largo a las regiones frías del océano. Durante el viaje siguen mamando. Sin embargo, dejan de hacerlo al llegar a las regiones frías. Ahora son ballenas en etapa **juvenil** y se alejan de la madre para buscar su propio alimento. Las ballenas jorobadas se convierten en adultos cuando tienen entre cuatro y ocho años de edad.

Una ballena jorobada macho nada junto a una hembra y su cría. El macho recibe el nombre de **escolta**.

Nacer en tierra

Como las ballenas, las focas monje son mamíferos marinos. Estas focas viven principalmente en el océano, pero las crías nacen en tierra. A estas crías también se les llama **cachorros**. Las focas monje son animales **en peligro de extinción**. Quedan muy pocas de estas focas en toda la Tierra.

El ciclo de vida de la foca monje

La foca monje hembra tiene una cría cada año o cada dos años.

El cachorro recién nacido tiene el cuerpo cubierto por un pelaje negro. A medida que mama, sube de peso rápidamente.

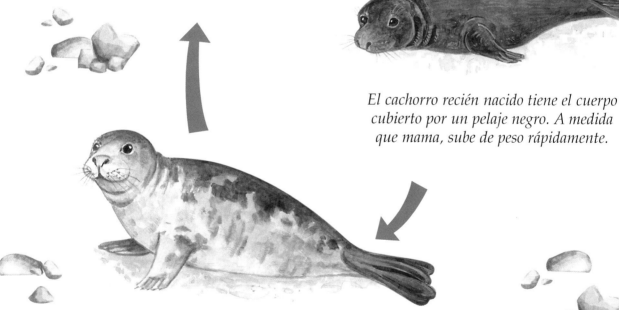

*Después de unas seis semanas, deja de mamar y comienza a buscar su propio alimento. Cuando el cachorro deja de mamar, la madre se va. El cachorro ahora está en etapa juvenil. Poco después, tiene una **muda** de pelaje. El nuevo pelaje es gris, al igual que el de su madre.*

Las aves ponen huevos

Muchas **aves** se aparean en primavera. Al poco tiempo, las hembras ponen huevos. Las aves adultas se sientan sobre los huevos para darles calor a los embriones que están dentro.

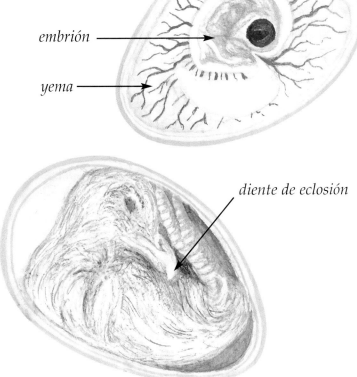

embrión

yema

diente de eclosión

Dentro del huevo

Dentro del huevo, el embrión de ave crece. Además del embrión, dentro del huevo hay **yema**, que el embrión se come para crecer rápidamente. A medida que crece, le sale un **diente de eclosión**. Es un diente duro especial que el embrión tiene en el pico. Cuando está listo para nacer, usa el diente de eclosión para romper el duro cascarón del huevo.

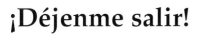

¡Déjenme salir!

Cuando el embrión ha crecido lo suficiente, sale del huevo. A las aves que acaban de salir del huevo también se las llama crías recién eclosionadas. Las crías abren bien grande la boca para avisarles a los adultos que quieren comer. Los padres les traen la comida y las crías crecen rápidamente. Pronto se convertirán en adultos y podrán tener crías propias. Las aves hembras ponen huevos.

huevo de oriol

cría recién eclosionada

oriol adulto

oriol joven

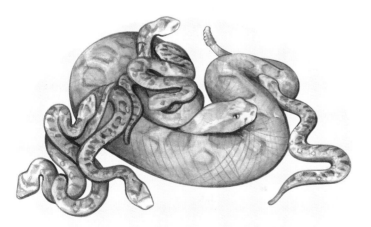

Las serpientes son reptiles

Esta serpiente del maíz ha puesto una nidada de huevos.

Las serpientes son **reptiles**. Los reptiles comienzan su vida dentro de un huevo, igual que las aves. La mayoría de las serpientes ponen los huevos en grupos llamados **nidadas** en lugares húmedos y fríos. Los ponen debajo de troncos o piedras, en cuevas o entre hojas de plantas. Las serpientes no cuidan a los huevos. Al salir del huevo, las crías buscan su propio alimento.

Llevar los huevos

Algunas serpientes no ponen huevos, sino que los llevan dentro del cuerpo. Las crías salen del huevo dentro del cuerpo de la hembra. Poco después, nacen y abandonan a su madre para buscar su propio alimento.

Estas crías de cascabel acaban de nacer.

Mudas

Las crías de serpiente comienzan a comer de inmediato. Su cuerpo crece rápidamente, pero la piel no les crece al mismo ritmo. Pronto les queda muy ajustada. Entonces las serpientes tienen una muda de piel para poder crecer más. Las serpientes jóvenes tienen muchas mudas antes de llegar a la edad adulta.

Esta serpiente cascabel joven está teniendo una muda.

Esta serpiente de cascabel es adulta. Puede aparearse y tener crías.

El ciclo de vida del lagarto

Al igual que las serpientes, los lagartos son reptiles. Tienen dos pares de patas, cuerpo largo y cola. Los dragones de Komodo son lagartos grandes. ¡Pueden medir hasta tres pies (0.9 m) de longitud! El ciclo de vida del dragón de Komodo es similar al de muchos otros tipos de lagartos.

Los dragones de Komodo son animales en peligro de extinción. Sólo quedan unos cuantos miles en toda la Tierra.

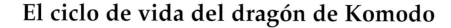

El ciclo de vida del dragón de Komodo

El ciclo de vida del dragón de Komodo comienza dentro de un huevo. La hembra pone los huevos en un nido que hace en la arena. Después de ocho meses, del huevo nace una cría. Las crías comen aves y lagartos pequeños, y a medida que lo hacen, crecen y cambian.

Después de casi un año, el dragón de Komodo pasa a la etapa juvenil y puede cazar animales más grandes. Sus presas son jabalíes, monos y ciervos. El dragón de Komodo se convierte en adulto cuando cumple seis años. Entonces puede aparearse y tener crías.

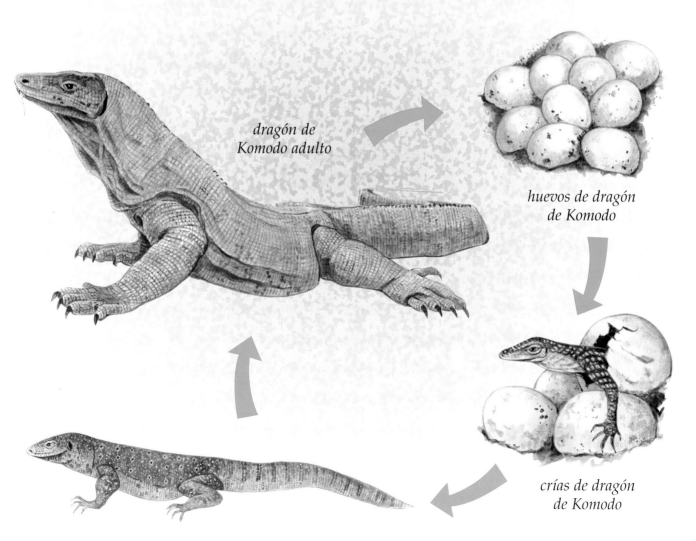

dragón de Komodo adulto

huevos de dragón de Komodo

crías de dragón de Komodo

dragón de Komodo en etapa juvenil

21

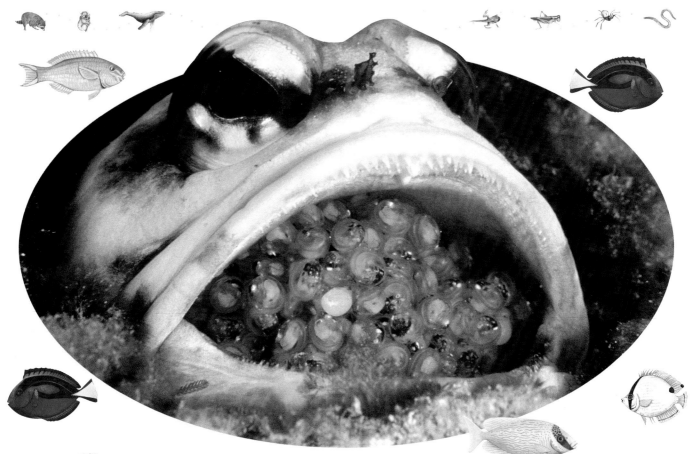

Huevos de peces

Esta cría de salmón acaba de salir del huevo.

La mayoría de los **peces** ponen huevos. Algunos ponen miles de huevos y otros, los guardan en la boca o en bolsas que tienen en el cuerpo. Este pez mandíbula guarda los huevos en la boca. Los peces ocultan los huevos para protegerlos de los **depredadores**. Cuando las crías salen del huevo, deben protegerse a sí mismas y buscar su propio alimento.

Caballitos de mar

Los caballitos de mar son peces. A diferencia de otros peces, las hembras no ponen huevos, sino que se los pasan a los machos. Los machos tienen bolsas en la parte delantera del cuerpo para guardar los huevos. Los embriones crecen y salen del huevo dentro de las bolsas.

Salir de la bolsa

Las crías de caballito de mar se llaman **alevines**. Cuando han crecido lo suficiente para poder buscar alimento sin ayuda, salen nadando de las bolsas. En unas cuantas semanas pasan a la etapa juvenil. Un caballito de mar en etapa juvenil necesita hasta un año para convertirse en adulto.

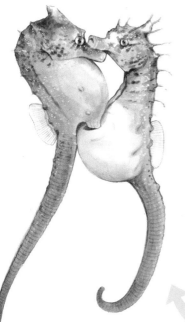

Los caballitos de mar adultos pueden tener crías. La hembra pasa los huevos a la bolsa del macho. El macho los lleva en la bolsa entre dos y cuatro semanas.

Dentro de los huevos crecen los embriones de caballito de mar.

Los alevines salen del huevo y abandonan la bolsa del macho. Ahora buscarán su propio alimento.

Los caballitos de mar en etapa juvenil todavía no han terminado de crecer.

23

Del huevo a la rana

Las ranas son **anfibios**. Los anfibios son animales que comienzan su vida en el agua, pero viven principalmente en tierra cuando son adultos. Las hembras ponen los huevos en el agua. Las crías recién salidas del huevo se llaman **renacuajos** y viven en el agua.

Cuerpos que cambian

La mayoría de los animales jóvenes se parecen a los adultos, pero los renacuajos no se parecen en nada a las ranas. Su cuerpo cambiará completamente antes de que se conviertan en adultos. Este cambio total se llama **metamorfosis completa**. Cuando los renacuajos dejan de cambiar, se han convertido en ranas que pueden vivir en tierra firme.

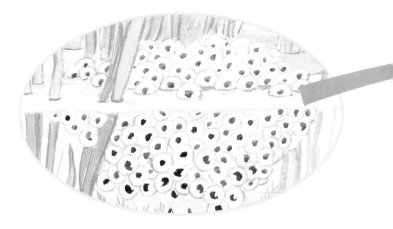

*La puesta de huevos de las ranas se llama **desove**. Estos huevos parecen gotas de gelatina. Flotan en el agua poco profunda de lagunas y lagos.*

La rana ha terminado de crecer. Puede aparearse con otra rana y tener crías.

De cada huevo sale un renacuajo. El renacuajo recién nacido vive en el agua. Tiene una cola que le sirve para nadar y no tiene patas. Al igual que los peces, tiene **branquias** que le sirven para respirar bajo el agua.

A medida que el renacuajo continúa cambiando, le salen las patas delanteras. Aumenta de tamaño y se le empieza a encoger la cola.

Poco después, el cuerpo del renacuajo comienza a cambiar. Le salen las patas traseras.

El renacuajo sigue creciendo hasta que es casi un adulto. Ya casi no tiene cola. Tiene pulmones que le sirven para respirar aire, así que ahora puede vivir en la tierra.

Ciclo de vida del insecto

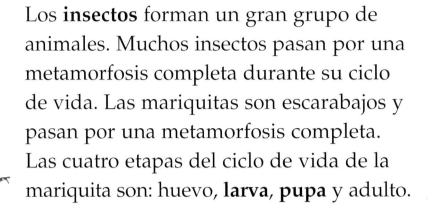

Los **insectos** forman un gran grupo de animales. Muchos insectos pasan por una metamorfosis completa durante su ciclo de vida. Las mariquitas son escarabajos y pasan por una metamorfosis completa. Las cuatro etapas del ciclo de vida de la mariquita son: huevo, **larva**, **pupa** y adulto.

Cuando la pupa ha terminado de cambiar, ya es una mariquita adulta. Tiene alas y puede volar.

El ciclo de vida de la mariquita comienza dentro de un huevo.

El insecto forma una cubierta dura a su alrededor. Ahora es una pupa. Allí dentro, el cuerpo de la pupa cambia completamente.

De cada huevo sale una larva. Las larvas pasan por mudas a medida que crecen.

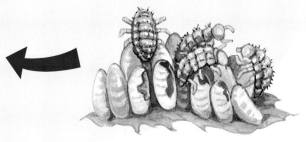

El ciclo de vida del saltamontes

Algunos insectos no atraviesan una metamorfosis completa. Su ciclo de vida tiene tres etapas en vez de cuatro. Los insectos comienzan su vida dentro de un huevo, se convierten en **ninfas** y luego en adultos. Este conjunto de cambios se llama **metamorfosis incompleta**. Los saltamontes son insectos que pasan por una metamorfosis incompleta.

El saltamontes hembra pone los huevos en el suelo. Los cubre con un líquido blanco que le sale del cuerpo. La tierra y el líquido permiten que los huevos conserven el calor.

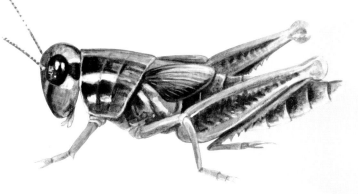

Las crías de saltamontes que salen de los huevos se llaman ninfas. Todavía no tienen todas las partes del cuerpo del adulto. Las alas son muy pequeñas. Las ninfas tienen varias mudas. Cada vez que tienen una muda, las alas les crecen un poco más.

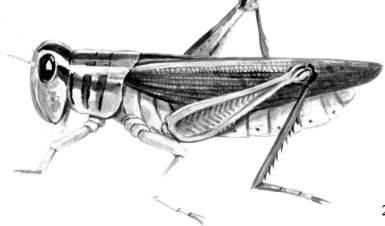

El cuerpo del saltamontes adulto ha terminado de crecer. Tiene alas grandes y puede volar. También puede tener crías.

Los cambios de las arañas

Las arañas no son insectos. Los insectos tienen seis patas, pero las arañas tienen ocho. La araña comienza su ciclo de vida dentro de un huevo. La hembra pone muchos huevos y luego los envuelve para formar una **ooteca**. La ooteca está hecha de seda que la araña produce dentro de su cuerpo. ¡Puede haber miles de huevos en una sola ooteca!

Las crías de las arañas salen del huevo dentro de la ooteca. Poco después, se van de la ooteca.

La mayoría de las crías de araña deben cuidarse solas después de salir del huevo. Sin embargo, algunas especies alimentan y protegen a sus crías.

A medida que la cría crece, su cuerpo se vuelve demasiado grande para su piel. Tiene varias mudas, después de cada una de las cuales la nueva piel se le endurece sobre el cuerpo.

Una araña que ha terminado de crecer es adulta. El cuerpo de la mayoría de las arañas adultas hembras es más grande que el de los machos.

Gusanitos

En el cuerpo de la lombriz de tierra adulta hay partes tanto femeninas como masculinas. Como tienen estos dos tipos de órganos, todas las lombrices adultas pueden poner huevos.

Antes de hacerlo, deben aparearse con otra lombriz de tierra. Después, ambas lombrices ponen huevos. Las lombrices de tierra ponen huevos en **capullos** o cubiertas protectoras.

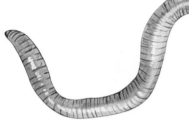

Todas las lombrices adultas pueden poner huevos. Los ponen en capullos y luego los abandonan en la tierra.

Un capullo de lombriz de tierra contiene muchos huevos.

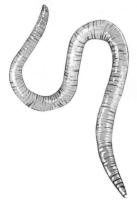

Las crías crecen y se convierten en lombrices en etapa juvenil. A medida que crecen, su cuerpo se hace más grueso y desarrolla partes del cuerpo de los adultos.

Las crías de lombriz se deslizan fuera del capullo. Su cuerpo es diminuto y blanco. Se mueven por la tierra para buscar el alimento.

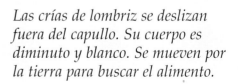

Más cambios

Los animales adultos están en la última etapa de su ciclo de vida. Para algunos animales, esta etapa dura sólo unos cuantos días. Para otros, la etapa adulta dura muchos años. Los animales adultos que viven muchos años pueden atravesar más cambios a medida que envejecen. Pueden perder los dientes o la capacidad de moverse rápidamente como lo hacían cuando eran más jóvenes. Un animal muere cuando su cuerpo deja de funcionar. El período de tiempo que se espera que un animal viva se llama **período de vida**.

Los depredadores cazan otros animales para alimentarse de ellos. Este leopardo ha matado a un impala. Muchos animales no alcanzan a vivir todo su período de vida porque los cazan o porque mueren a causa de enfermedades.

Preguntas sobre el ciclo de vida

¿Qué tanto recuerdas sobre el ciclo de vida de los animales? Averíqualo respondiendo a estas preguntas:

1. ¿Cuánto tiempo viven los cachorros de mapache con la madre?
2. ¿Dónde ponen los huevos los dragones de Komodo?
3. ¿Cuánto tiempo maman las focas monje?
4. ¿Por qué las ballenas jorobadas migran?
5. ¿Dónde vive una cría de koala después de nacer?
6. Nombra tres cambios que sufren los renacuajos al crecer.
7. ¿Cómo protegen las arañas a sus huevos?
8. ¿Cuál es la tercera etapa del ciclo de vida de la mariquita?
9. ¿La hembra del caballito de mar lleva los huevos?
10. ¿Qué les pasa a las serpientes al crecer?

Respuestas

1. Los cachorros de mapache viven con la madre casi un año.
2. El dragón de Komodo pone los huevos en un nido que hace en la arena.
3. Las focas monje maman durante seis semanas.
4. Las ballenas jorobadas migran para tener a las crías en aguas cálidas. Las crías no sobrevivirían en las regiones frías del océano.
5. Después de nacer, las crías de koala viven dentro de la bolsa de la madre.
6. Los renacuajos pierden la cola, les salen patas y desarrollan pulmones para respirar.
7. Las arañas protegen sus huevos colocándolos dentro de una ooteca.
8. La tercera etapa es la pupa.
9. No. El macho del caballito de mar lleva los huevos.
10. Las serpientes tienen mudas de piel a medida que crecen.

¡Sigue leyendo!

Hay mucho más por aprender sobre cada uno de los ciclos de vida que aparecen en este libro. ¡No te detengas ahora! ¡Sigue leyendo! Dale una mirada a estos otros libros sobre ciclos de vida, escritos por Bobbie Kalman:

- El ciclo de vida de la abeja
- El ciclo de vida de la araña
- El ciclo de vida de la flor
- El ciclo de vida de la lombriz de tierra
- El ciclo de vida de la mariposa
- El ciclo de vida de la rana

- El ciclo de vida de los insectos
- El ciclo de vida del árbol
- El ciclo de vida del escarabajo
- El ciclo de vida del león
- El ciclo de vida del mosquito
- La metamorfosis: cuerpos que cambian

Palabras para saber

Nota: Es posible que las palabras en negrita que están definidas en el texto no aparezcan en esta página.

anfibio Animal que vive bajo el agua cuando es joven y en tierra cuando es adulto; la palabra "anfibio" quiere decir "dos vidas"

ave Animal que tiene pico, dos alas y plumas

depredador Animal que caza y se come a otros animales

en peligro de extinción Expresión que describe a un animal que corre el riesgo o está en peligro de desaparecer en su estado natural

eucalipto Tipo de árbol alto que crece en Australia

insecto Animal que tiene seis patas y una cubierta externa dura en su cuerpo

larva Etapa entre el huevo y la pupa en la metamorfosis completa

mamífero Animal que tiene pelaje o pelo en el cuerpo y bebe leche de la madre cuando es joven

mamífero marino Mamífero que vive principalmente en el océano

marsupial Tipo de mamífero; la mayoría de las hembras marsupiales tienen bolsas en el cuerpo

metamorfosis completa Cambio total del cuerpo de un animal de una forma a otra

ninfa Etapa entre el huevo y el adulto en la metamorfosis incompleta

pez Animal que vive bajo el agua y usa branquias para respirar

pupa Etapa entre la larva y el adulto en la metamorfosis completa

reptil Animal de piel blanda y con cubierta de escamas, que va mudando de piel a medida que crece

Índice

adultos 4, 7, 9, 11, 13, 15, 16, 17, 19, 21, 23, 24, 25, 26, 27, 28, 29, 30

alimento 8, 9, 11, 13, 15, 17, 18, 22, 23, 29, 30

anfibios 5, 24

apareamiento 7, 9, 11, 16, 19, 21, 24, 29

aves 5, 16, 17, 18, 21, 31

crías 4, 6, 7, 8, 9, 10, 11, 12, 14, 17, 18, 19, 21, 22, 23, 24, 27

embriones 6-7, 10, 16, 17, 23

huevos 4, 6, 7, 16, 17, 18, 21, 22, 23, 24, 25, 26, 27, 28, 29, 31

insectos 5, 26, 27, 28, 31

mamar 8, 9, 10, 11, 13, 15, 31

mamíferos 5, 8, 9, 10, 12

mamíferos marinos 5, 12, 14

marsupiales 5, 10

metamorfosis 24, 26, 27, 31

mudas 15, 19, 26, 27, 28, 31

nacimiento 4, 6, 8, 11, 12, 14, 18, 31

peces 5, 22, 23, 25

reptiles 5, 18, 20

salida del huevo 4, 7, 16, 17, 18, 21, 22, 23, 24, 25, 26, 27, 28

Impreso en Canadá